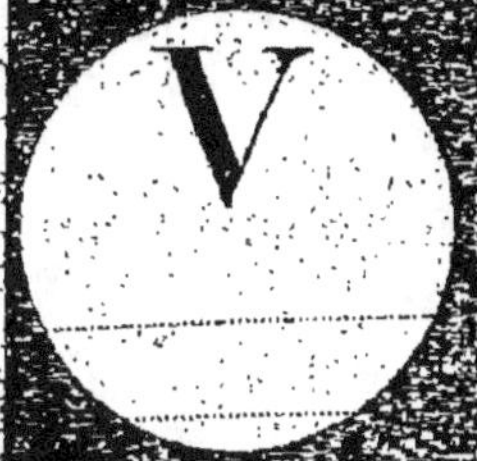
V
INVENTAIRE

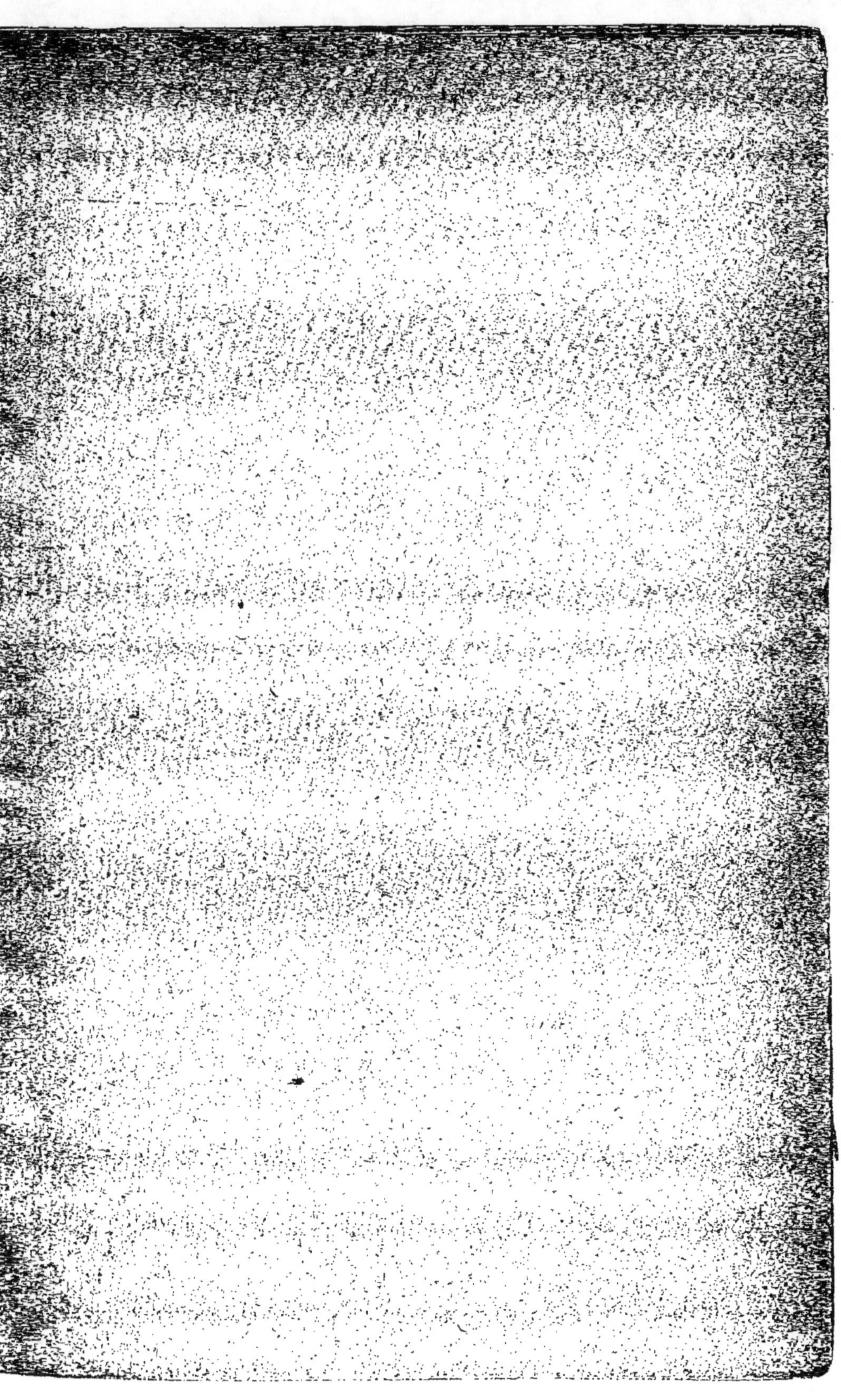

PUBLICATIONS DE LA RÉUNION DES OFFICIERS

MÉLANGES MILITAIRES

XCVII

DES

NOUVEAUX CHEMINS DE FER

DE

L'ALSACE-LORRAINE

PAR

M. MARTNER

CAPITAINE D'ÉTAT-MAJOR

PARIS
CH. TANERA, ÉDITEUR
LIBRAIRIE POUR L'ART MILITAIRE ET LES SCIENCES
Rue de Savoie, 6

1872

DES

NOUVEAUX CHEMINS DE FER

DE L'ALSACE-LORRAINE

PUBLICATIONS DE LA RÉUNION DES OFFICIERS

1067 — Paris, Imp. H. Carion, rue Bonaparte, 64.

DES

NOUVEAUX CHEMINS DE FER

DE

L'ALSACE-LORRAINE

PAR

M. MARTNER

CAPITAINE D'ÉTAT-MAJOR

PARIS

CH. TANERA, ÉDITEUR

LIBRAIRIE POUR L'ART MILITAIRE ET LES SCIENCES

Rue de Savoie, 6

1872

NOUVEAUX CHEMINS DE FER

DE L'ALSACE-LORRAINE

S'il est un pays dont les développements doivent intéresser la France, c'est, à coup sûr, celui qui vient de nous être arraché à la suite d'une guerre malheureuse. Quand, en outre, ce territoire, qui était autrefois notre boulevard contre les invasions d'un adversaire redoutable, est entièrement retourné contre nous et que ses deux capitales deviennent une menace pour nos frontières désarmées, il importe de faire connaître tout ce qui peut contribuer à augmenter la force offensive de cette province si regrettée. Un des facteurs de cette puissance est, sans contredit, le réseau des voies ferrées qui sillonnent cette contrée et dont le tracé plus ou moins parfait aura une importance capitale sur les opérations militaires dont elle peut être le théâtre.

Le changement de nationalité de l'Alsace-Lorraine a dû nécessairement modifier les conditions stratégiques de ses chemins de fer ainsi que leurs conditions économiques. Le Rhin, qui était autrefois une protection, est devenu maintenant un obstacle aux relations entre sa rive droite et sa rive gauche; on a donc dû chercher, sinon à en multiplier les points de passage, du moins à suppléer à leur insuffisance en augmentant le nombre de débouchés qui peuvent relier le nord de la province aux territoires allemands existant déjà avant la guerre sur sa rive gauche.

Dans l'intérieur du pays, on avait à se préoccuper de la lacune existant entre les deux forteresses de Metz et Strasbourg, qui ne se trouvent reliées entre elles actuellement que par l'ancienne ligne de Strasbourg à Paris, avec embranchement de Frouard sur Metz, ligne défectueuse en ce sens qu'elle franchit deux fois la frontière et qu'elle fait un grand détour. Enfin, au point de vue économique, il devenait utile de donner aux établissements industriels de la haute Alsace la facilité de faire, dans des conditions toutes spéciales de bon marché, leur approvisionnement de charbon aux houillères de la Sarre et, par suite, de les relier, par le plus court chemin possible, aux principaux centres de production de ce riche bassin.

C'est pour satisfaire à ces divers *desiderata* que le gouvernement allemand s'empressa de faire faire, même avant la fin de la guerre, les études nécessaires, en comprenant dans ses projets les lignes déjà débattues depuis plusieurs années par la France, et qui s'appliquaient à des chemins de fer d'intérêt international général ou simplement d'intérêt local.

Nous étudierons successivement, d'après cet ordre d'idées, les diverses lignes qui vont s'ajouter à celles déjà existantes pour composer le réseau futur de l'Alsace-Lorraine.

A. *Communications avec l'Allemagne.*

1. La ligne de Metz-Luxembourg suit la Moselle jusqu'à Thionville, pour continuer à se diriger au nord vers le grandduché; mais Thionville n'est pas en relations directes avec la Prusse. Pour combler cette lacune, on a projeté une ligne qui, longeant la Moselle sur sa rive droite, irait déboucher à Conz, sur le chemin de fer de Trèves à Cologne, et par suite relierait, par la voie la plus courte, les deux places de la Lorraine au nord de l'Allemagne. L'importance stratégique

de cette nouvelle ligne est telle que toutes les dispositions
ont été prises pour que les travaux commencent dans le plus
bref délai possible ; les fonds sont, du reste, déjà recueillis.

2. Le gouvernement français avait étudié et confié à la so-
ciété anonyme des chemins de fer de la Lorraine, une ligne
d'intérêt local, de *Courcelles sur Nied à Boulay*. Cette ligne
va être prolongée par Teterchen jusqu'à Sarrelouis, et de là
rejoindre le point de Turkismühle, station du chemin de fer
de Sarrebruck à Bingerbrück (Rhein-Nahe). Elle formera
alors le plus court chemin entre le Rhin moyen, autrement
dit entre la forteresse de Mayence, et les places de Metz et de
Sarrelouis, et permettra d'éviter le détour qui se fait actuellement par Sarrebruck.

3. La ligne de *Sarreboury à Sarreguemines*, qui vient
d'être ouverte le 1er novembre dernier, suit entièrement la
vallée de la Sarre, en desservant les villes intermédiaires de
Sarre-Albe et Sarre-Union. Son importance intrinsèque est
considérable, car elle peut se substituer à la ligne de Sarreguemines à Haguenau par Bitche, dont l'exploitation est dif-
ficile à cause des fortes pentes et des courbes à faible rayon
que son tracé comporte. Elle se continue, du reste, dans la
province rhénane vers Sarrebruck par une ligne existant
déjà depuis quelque temps.

4. La ligne française d'intérêt local de *Nancy à Château-
Salins* va être prolongée par Bermering jusqu'à Sarre-Albe,
où elle rejoindra la ligne Sarrebourg-Sarreguemines, et ou-
vrira une nouvelle communication avec le Palatinat lorsque
sera terminée la ligne projetée, en territoire bavarois, de
Sarreguemines à Deux-Ponts, ville qui doit être elle-même
reliée à Landau par un chemin de fer actuellement en construction. En outre, au point de vue économique, elle créera
pour les charbons de la Sarre un nouveau débouché dans
l'intérieur de la Lorraine.

5. Comme complément de la ligne précédente, il nous faut mentionner le projet d'une communication nouvelle projetée entre *Bitche* et *Deux-Ponts*. Cette ligne est plutôt d'un intérêt commercial, car elle est destinée surtout à frayer une route aux charbons provenant des mines de la région située à l'est de Sarrebruck pour se rendre dans les établissements industriels situés entre Bitche et Haguenau. Elle est complétée par le raccordement du tronçon Deux-Ponts-Saint-Ingbert avec la ligne Sarrebruck-Neunkirchen, ce qui lui donnera une certaine valeur stratégique.

6. Il existe déjà, comme on sait, une communication par voies ferrées entre Strasbourg et Mayence, mais cette ligne est loin d'être directe; aussi en a-t-on projeté une nouvelle, qui, partant de Strasbourg, longerait la rive gauche du Rhin, en passant par Seltz et Lauterbourg, et se rattacherait, à Germersheim, au chemin de fer existant actuellement, qui relie cette place à Mayence. De cette ville, elle se dirigerait vers le nord à travers le Taunus, couperait le chemin de fer de Coblentz à Wetzlar à Limbourg, et irait enfin rejoindre à Betzdorf les lignes du nord de l'Allemagne. L'ensemble de tous ces tronçons constituerait donc une nouvelle ligne de concentration pour les armées allemandes, dans le sens du méridien.

A cette voie il faut rattacher *l'embranchement de Seltz par Haguenau à Momenheim* (station de la ligne de Strasbourg à Paris), qui permettra aux trains venant de Mayence de gagner directement la frontière française en évitant le crochet de Strasbourg-Vendenheim.

7. La France avait étudié depuis longtemps, à propos d'une ligne directe de Paris à Vienne, le projet d'un passage du Rhin à Vieux-Brisach. Cette pensée va être mise à exécution par la construction d'un chemin de fer de *Colmar* à *Neuf-Brisach*, avec pont fixe sur le Rhin en face de Vieux-

Brisach. On relie ainsi la haute Alsace avec les États de l'Allemagne du Sud, et toute l'activité possible va être apportée à la réalisation de ce projet ; il n'est, du reste, plus question de prolonger cette ligne dans le sens opposé, à travers les Vosges, comme l'avait conçu le gouvernement français.

Enfin, à l'extrémité sud de la haute Alsace, on reprend également le projet français de relier cette partie si riche de la province avec l'Allemagne, sans passer par la Suisse. A cet effet, un pont fixe sera établi au-dessus d'Huningue, et un petit tronçon joindra Saint-Louis, station de la ligne Bâle-Strasbourg, à Léopoldshöhe, de la ligne Bâle-Heidelberg. Le pont nouveau qui amènera ainsi en Alsace les contingents de l'Allemagne du Sud arrivant par le sud de la forêt Noire sera pourvu de chambres de mine pour pouvoir intercepter le passage à volonté.

En résumant les huit projets que nous venons d'exposer, nous trouvons les lignes suivantes, dont voici les longueurs en kilomètres sur le territoire de l'Alsace-Lorraine :

1º Thionville à la frontière prussienne, près Sierck...............................	26 kilom.		» »
2º Courcelles à la frontière prussienne, vers Sarrelouis............................	37	—	50
3º Sarrebourg à Sarreguemines........	63	—	25
4º Frontière française à Château-Salins et Sarre-Albe............................	64	—	» »
5º Bitche à la frontière bavaroise, vers Deux-Ponts............................	17	—	» »
6º Strasbourg à Lauterbourg..........	47	—	» »
6 bis. Seltz à Momenheim...........	39	—	» »
7º Colmar à Brisach.................	20	—	» »
8º Saint-Louis à Léopoldshöhe........	2	—	» »
Total.........	315 kilom.		75

B. — *Communications intérieures stratégiques.*

1. Nous avons déjà insisté sur l'imperfection des relations qui existent entre Strasbourg et Metz. Pour remédier à cet état de choses, on a projeté un chemin de fer partant de *Sarrebourg*, qui va devenir un nœud important de voies ferrées, et se dirigeant vers *Remilly*, station de la ligne Metz-Sarrebruck située un peu en avant du point où cette dernière quitte la direction de Strasbourg pour se porter vers le nord-est. Cette nouvelle communication, qui trace à peu près une ligne droite entre les deux grandes places qu'elle desservira, permettra non-seulement de raccourcir la distance qui existe entre le nord et le sud de l'Alsace-Lorraine, mais diminuera encore de près de 33 kilomètres le trajet entre le Luxembourg et la Belgique, d'une part, et la Suisse de l'autre.

Cette voie coupera à Bermering la ligne de Château-Salins à Sarre-Albe, et à Benestroff, le prolongement projeté du chemin de fer d'Avricourt à Dieuze.

C. — *Communications industrielles.*

1. Une petite ligne qu'on pourrait à la rigueur rattacher à la classe précédente va être construite de Mutzig à Schirmeck. Elle est le prolongement du chemin de fer de Strasbourg à Mutzig, et permettra à la capitale de l'Alsace de s'approvisionner, pour la construction de ses nouveaux forts, aux carrières des Vosges, au pied desquelles se trouve la petite ville de Schirmeck, ainsi qu'aux belles forêts qui s'exploitent dans ses environs.

2. La région située à l'ouest de Strasbourg est desservie par des petits chemins d'intérêt local n'ayant de débouché que sur cette ville. L'ouverture, pour l'Alsace, du bassin houiller

de la Sarre aura pour effet, en rattachant ce rameau isolé au système général des voies ferrées du pays, de constituer, par la construction des tronçons *Saverne-Wasselone* et *Barr-Schlettstadt*, une nouvelle artère raccourcissant de plus de vingt-quatre kilomètres la route à suivre, pour les charbons de Sarrebruck, pour arriver aux établissements industriels du Haut-Rhin, ce qui soulagera d'autant l'ancienne ligne de Saverne-Strasbourg-Schlettstadt.

En ajoutant à la longueur des chemins de fer énoncés plus haut celles des lignes qui précèdent, c'est-à-dire :

Strasbourg à Lauterbourg.	55 kilomètres
Dieuze à Benestroff.	13 —
Mutzig à Schirmeck.	20 —
Saverne à Wasselone.	17 —
Barr à Schlettstadt.	18 —
Total.	123 kilomètres

nous obtenons, pour le réseau à créer dans l'Alsace-Lorraine, le chiffre important de 438 kilomètres.

Le réseau cédé par le traité de paix de 1871 comprenait 733 kilomètres. C'est donc proportionnellement une augmentation considérable, dont il faut d'autant plus se préoccuper que la plupart de ces lignes, comme nous avons essayé de le démontrer, ont une grande valeur stratégique, et que l'Allemagne pourra, lors de leur achèvement complet, amener, en arrière de Metz et des Vosges, ses nombreux bataillons par dix débouchés distincts : ceux de Sierck, Sarrelouis, Sarrebruck, Sarreguemines, Bitche, Wissembourg, Lauterbourg, Strasbourg, Brisach et Saint-Louis.

LECOMTE. — Études d'histoire militaire, antiquité et moyen âge. 1 vol. in-8° . . . . 5 fr.

LECOMTE. — Études d'histoire militaire, temps modernes jusqu'à la fin du règne de Louis XIV. 1 vol. in-8°. . . . . . . 5 fr.

LECOMTE. — Guerre de la Prusse et de l'Italie contre l'Autriche et la Confédération germanique en 1866; relation historique et critique. 2 vol. grand in-8° avec cartes et plans. . 20 fr.

LECOMTE. — Guerre de la sécession; Esquisse des événements militaires et politiques des États-Unis, de 1861 à 1865. 3 vol. grand in-8° avec cartes. . . . . 15 fr.

LECOMTE. — Le général Jomini, sa vie et ses écrits. Esquisse biographique et stratégique. 1 vol. in-8° avec carte. 7 fr. 50

LIBIOULLE. — Le revolver Galand, nouveau système à percussion centrale et extracteur automatique. Br. in-8° avec fig. 1 fr.

LULLIER. — La vérité sur la campagne de Bohême en 1866, ou les quatre grandes fautes militaires des Prussiens. Br. in-8°. 1 fr.

MANGEOT. — Traité du fusil de chasse et des armes de précision, nouvelle édition. 1 vol. in-8° avec figures dans le texte et planches . . . . 5 fr.

MARNIER. — Souvenirs de guerre en temps de paix : 1793, 1806, 1823, 1862, récits historiques et anecdotiques extraits de ses Mémoires inédits. 1 vol. in-8° . . . . 3 fr.

MOSCHELL. — De l'effet du tir à la guerre et de ses causes perturbatrices. Br. in-8°. . . . . 1 fr.

ODIARDI. — Des nouvelles armes à feu portatives adoptées ou à l'étude dans l'armée italienne. Br. in-8° avec planche. . 2 fr.

ODIARDI. — Des balles explosibles et incendiaires. Br. in-8. avec planche. . . . . 2 fr.

PIRON. — Manuel théorique du mineur; nouvelle théorie des mines, précédée d'un exposé critique de la méthode en usage pour calculer la charge et les effets des fourneaux, et d'une étude sur la poudre de guerre. 1 vol. grand in-8° avec pl. 12 fr.

PIRON. — Essai sur la défense des eaux et sur la construction des barrages. 1 vol. grand in-8° avec planches. . . . . 6 fr.

PLOENNIES (DE). — Le fusil à aiguille, notes et observations critiques sur l'arme à feu se chargeant par la culasse, traduit de l'allemand par E. Heydt. Br. in-8° avec planche. . . . 3 fr.

QUESTIONS de stratégie et d'organisation militaire relative aux événements de la guerre de Bohême, par un officier général (Jomini). Br. in-8°. . . . . 1 fr.

SCHMIDT. — Le développement des armes à feu et autres engins de guerre, depuis l'invention de la poudre à tirer jusqu'aux temps modernes. 1 vol. in-8°, avec 107 planches. . . 10 fr.

SCHOTT. — Des forts détachés, traduit de l'allemand par Bacharach. Br. in-8° avec planche . . . . 2 fr.

SCHULTZE. — La nouvelle poudre à canon, dite poudre Schultze, et ses avantages sur la poudre à canon ordinaire et autres produits analogues. Traduit de l'allemand par W. Reymond. Brochure in-8°. . . . . 2 fr.

TACKELS. — Étude sur le pistolet, au point de vue de l'armement des officiers. Br. in-8° avec figures . . . . 1 fr. 50

TACKELS. — Conférences sur le tir, et projets divers relatifs au nouvel armement. 1 vol. in-8° avec planches . . . 5 fr.

TACKELS. — Étude sur les armes à feu portatives, les projectiles et les armes se chargeant par la culasse. 1 vol. in-8° avec pl. 6 fr.

TACKELS. — Les fusils Chassepot et Albini, adoptés respectivement en France et en Belgique. Br. in-8° avec planches. 2 fr.

TACKELS. — Armes de guerre; Étude pratique sur les armes se chargeant par la culasse; les mitrailleuses et leurs munitions; le canon Montigny-Eberhaerd; le fusil Montigny; les fusils Charrin, Remington, Jenks, Cochran, Howard, Peabody, Dreyse, Chassepot, Snider, Terssen, Albini; les cartouches périphériques, etc., etc. 1 vol. in-8° avec planches. . . . . . 8 fr.

TACKELS. — La carabine Tackels-Gerard, nouveau système de culasse mobile, dite à bloc, à percussion centrale pour armes de guerre. Br. in-8° . . . . 50 c.

TACKELS. — Le nouvel armement de la cavalerie depuis l'adoption de l'arme se chargeant par la culasse. 1 vol. in-8°, avec planches. . . . . 5 fr.

UNGER. — Histoire critique des exploits et vicissitudes de la cavalerie pendant les guerres de la Révolution et de l'Empire jusqu'à l'armistice du 4 juin 1813, d'après l'allemand. 2 volumes in-8° . . . . 12 fr.

VANDEVELDE. — La tactique appliquée au terrain. 1 vol. in-8° avec atlas. . . . . 7 fr. 50

VANDEVELDE. — Manuel de reconnaissances, d'art et de sciences militaires, ou Aide-mémoire pour servir à l'officier en campagne. 1 vol. in-18 avec planches . . . . 5 fr.

VANDEVELDE. — Précis historique et critique de la campagne d'Italie en 1859. 1 vol. in-8° avec cartes et plans. . . 12 fr.

VANDEVELDE. — La guerre de 1866 en Allemagne et en Italie. 1 vol. in-8° avec cartes . . . . 6 fr.

VANDEVELDE. — Commentaire sur la tactique à propos du *Mémoire militaire* par le prince Frédéric-Charles de Prusse. Br. in-8°. 2 fr.

VARNHAGEN VON ENSE. — Vie de Seydlitz, traduite de l'allemand par Savin de Larclause. 1 vol. in-8° avec portrait et plans.   5 fr

VERTRAY. — Album de l'expédition française en Italie en 1849, contenant 14 dessins, 4 cartes topographiques indiquant les opérations militaires, avec un texte explicatif. 1 vol. grand in-folio. 10 fr.

WAUWERMANS. — Mines militaires. Études sur la science du mineur et les effets dynamiques de la poudre (application de la thermodynamique). 1 vol. in-8° avec planches . . . 7 fr. 50

WAUWERMANS. — Applications nouvelles de la science et de l'industrie à l'art de la guerre. — Télégraphie militaire. — Aérostation. — Éclairage de guerre. — Inflammation des mines. 1 vol. in-8° avec figures. . . . . 4 fr.

NOUVELLES PUBLICATIONS

BAYLE. — L'électricité appliquée à l'art de la guerre. Br. grand in-8° avec planches. . . . . 3 fr

BODY. — Aide-Mémoire portatif de campagne pour l'emploi des chemins de fer en temps de guerre, d'après les derniers événements et les documents les plus récents. 1 vol. in-18 avec planches . . . . 4 fr.

FIX. — Guide de l'officier et du sous-officier aux avant-postes, d'après les meilleurs auteurs. 1 vol. in-18 . . . . . 2 fr 50

ODIARDI. — Les armes à feu portatives rayées de petit calibre. 1 vol. in-8° avec planches . . . . 3 fr.

PEIN. — Lettres familières sur l'Algérie; un petit royaume arabe. 1 vol. in-12. . . . . 3 fr.

POULAIN. — Lettres sur l'artillerie moderne, canon de 7 et gargousse obturatrice, le bronze et l'acier, mitrailleuse française. Br. in-8° . . . . 1 fr.

SUZANNE. — Des causes de nos désastres; la proscription des armes et le monopole de l'artillerie. Br. grand in-8 . . 2 fr.